빌어먹을 필라테스

댁네, 근육은 안녕하신가요?

프롤로그_초대

　한국에서 한국어로 진행되는 필라테스 수업. 동작을 안내하고 효과를 설명하는 강사의 말이 외계어로 들린다. 연적 없는 갈비뼈를 닫으라고 하고, 꼬리뼈를 동그랗게 말라고 한다. 게다가 척추는 하나씩 쌓으라고 한다. 기상천외한 표현에 혼란스러움을 가진 채로 옆 사람 동작을 힐끔거리며 따라 하기 바쁘다.
　그래도 매회 수업을 놓치지 않고 건강한 시간을 쌓아가다 보니, '꼬리뼈!' 하면 알아서 배에 힘을 주며 엉덩이를 살짝 말아 올릴 만큼 필라테스에 스며들었다. 언제부턴가 내가 취하는 동작을 힐끔거리는 신입 회원의 시선이 느껴진다.

어느새 필라테스 스튜디오를 다닌 지 5년 차에 접어들었지만 여전히 지도 과정이 신기하고, 여전히 운동 후 온몸이 아프다. 이해하기 모호한 대사와 자세를 사진과 글로 남기며 운동을 마무리하는 루틴을 만들었다. 긴장된 근육이 유연해지는 과정이 생생하게 전달되길 바라며, 어느 페이지를 읽을 때는 당신도 모르게 허리를 펴고 고개를 뒤로 젖혀보길 희망한다. 그렇게 의자에 앉은 채로 팔다리를 꿈틀대는 동안 필라테스가 궁금해지고, '플라토닉 러브'처럼 운동 효과가 전달되면 좋겠다.

빌어먹을 필라테스. 극적인 효과는 모르겠지만, 몸이 가볍고 정신이 맑아지는 것은 확실하다. 다채로운 동작을 통해 몸과 마음이 치유되는 필라테스의 세계로 초대한다.

목차

■□□□□ 프롤로그_초대

■■□□□ 처음은 어색해

13 어쩌다가

17 마음 치료법

20 목마른 사슴이

23 들어가시겠습니다

26 신입이에요

28 작명소

32 대화가 필요해

33 끝이 보인다

36 청개구리

39 하이힐

43 불협화음

46 대화가 필요해

47 훔쳐보기

■■■□□ 이런 기분 처음이야

53 그게 운동이야?

55 오늘 운동 완료

58 꼬까옷

63 누가 시켰어

65 혼자서 잘 못해요

68 대화 중 오류

69 No Show

71 단하나의 사랑

74 가까이 오지 마시오

76 명치 아래 압정

78 그녀의 손길

81 고장난 시계

83 써글링

86 대화가 필요해

87 난 네가 싫어

91 나는 가끔

93 해부학

95 하이에나

■■■■□ 언제나 처음처럼

99 거울아, 거울아

102 하나, 둘, 셋, 다섯

105 갈비뼈

106 근육의 안녕

108 이래도 되는건가?

111 마성의 목소리

114 생활 속 달인

118 대화가 필요해

119 왜 고장난거죠?

122 필라테스 여우주연상

■■■■■ 에필로그_문을 열어 버렸다

처음은 어색해

어쩌다가

 헬스와 요가의 경계가 모호한 필라테스를 찾게 된 건 마음의 병을 치유하려는 몸부림이었다. 몇 년 전 손 내밀어 준 직장으로 발걸음을 옮겼는데 그곳은 텃새가 가득한 가시밭길이었다. 책임은 주어졌지만 권한은 없고, 허수아비처럼 내 자리를 지켜야 했다. 입사 전에 꿈꾸었던 달콤한 미래와 현실의 괴리감이 커져, 새로운 환경에서 기대했던 희망은 차차 시들어갔다.

 내 하루의 대부분을 보낼 직장에서의 생활은 점점 더 고통스러워졌고, 해결책을 찾기 위해 몇 차례 면담을 거쳤다. 상사는 당분간 병가*를 내 충분히 회복한 후 복귀하는

---

* 병가 처리를 위한 대학병원 진료 : 회사에 병가를 신청하려면 대학병원 진단서가 필요하다. 일반적으로, 1차(동네 병원) 또는 2차 의료기관(종합병원)에서 진단을 받은 후, 경우에 따라 3차 의료기관인 대학병원으로 이관되어 진료를 받게 된다. 진료과목이나 병원의 상황에 따라 차이가 있을 수 있지만, 대학병원에서 진료를 받기까지 대기 기간이 3개월에서 6개월 정도 걸릴 수 있다.

게 좋겠다며 조언했다.

 다음 날, 동네에 있는 심리 상담소를 찾았다. 데스크와 대기실, 진료실이 있는 상담소의 모습은 가정집 같았지만, 왠지 남의 집에 초대받지 않고 들어 온 어색한 느낌이 들었다. 내 차례가 되어 담당 의사와 만나 푹신한 의자에 앉았어도 차가운 기류때문에 두드러기가 나는 것처럼 불편해져 자꾸만 나가고 싶었다.
 갈피를 못 잡고 혼란스러운 내 심정을 알아챈 듯, 담당 의사는 부드러운 목소리로 마음이 아프면 찾아오는 곳, 그 이상도 이하도 아니라며 내면의 이야기를 천천히 꺼내도 괜찮다고 다독여 주었다. 시간이 걸려도 되니 물 한 잔 마시며 천천히 생각해도 된다고 했다. 이 곳이라면 속상함을 털어놓아도 될 것 같지만 어디서부터 이야기를 시작해야 할지 모르겠어서, 애먼 입술만 잘근잘근 깨물었다.

 나의 요즘은 전 직장의 여독이 덜 풀린 채 옮겨 온 새 직장은 성과 압박이 지나쳐서 숨이 턱턱 막히고 있었다. 이직한 지 두 달도 채 되지 않았는데, 이게 정말 내가 가야 할 길인지, 어떻게든 헤쳐 나갈 방법은 없는 건지, 그저 방향을 찾을 수 없었다. 점점 내 존재 자체가 무의미해지는 것 같았고, 머릿속이 복잡했지만 아무리 속을 들여다봐도 답은 보이지 않았다. 그저 껍데기만 사람일 뿐이었던 지난 날들에 대해 덤덤하게 읊조렸는데 상황이 떠오르는 순간 목이 메어 아무 소리도 낼 수 없었다. 눈물을 훔칠 새도 없이 콧물이 흐르며, 꺼억꺼억 소리만 삼키다가 대화가 끊겼다.

담당 의사는 상황의 변화를 급히 받아들이려 노력하는 자세와 주변 상황이 맞물려 무기력한 상태가 왔다고 진단했다. 중증의 심각도로 보이지만, 갑작스러운 변화일 수 있으니 우선 약을 처방 받고 일주일 후에 다시 오라고 했다. 심각한 상태로 진단되면 그때 대학병원을 찾아 우울증을 진단받길 권고했다.
의사의 친절한 말투에 내 상황의 심각성을 마주하게 되었고, 내 삶을 갉아먹는 문제를 감내하기 위해 이렇게 애써야 하나 싶어서 먹먹해졌다. 쓰나미 같은 두통이 밀려와 처방 받은 알약을 삼켰다.

겨우 두세 알의 약이 구름 위로 정신을 앗아가고, 몸의 움직임을 더디게 만들었다. 사람들로 가득 찬 지하철에서 어떻게 서 있었는지, 약에 취해 느려진 기억은 너무 아득해서 선명하게 남아 있지 않다. 약은 내장 기관에 영향을 주지 않는다고 했지만, 주변의 깃털 같은 구름이 고슴도치 가시처럼 뾰족해지더니, 내 안에 먹색 공기가 가득 찼다. 몇 걸

음만 더 가면 사무실이 코앞인데, 숨이 막히고 뱃속이 울렁거렸다.

마음 치료법

 일주일 뒤 병원을 찾아갔다. 6층의 왼쪽은 기구 필라테스 오른쪽은 심리센터가 있다. 다시 만난 담당 의사는 한 달 치 약을 처방해 줬다. 약을 먹고 그때도 호전되지 않으면, 대학병원에서 정밀검사를 받길 권했다.

 부장님의 조언대로 병원을 찾고, 우울증 진단을 받기 위해 시간을 쏟고, 내가 원하는 건 병명 진단이 아니었다. 문제의 원인을 바로 보고 상황이 개선되길 바랐다. 주홍 글씨로 마음에 병명을 새기려고, 몇 개월 더 지긋지긋한 일상을 반복하는 건 한참 잘 못 된 일이었다. 올바른 대처 방안이 아님을 알아채고 손톱 옆 살갗만 뜯어 댔다.

병원 문을 나서며, 이렇게까지 회사에서 자리를 사수하는 게 중요한지 물음표가 일어났다. 같이 잘살아 보자고 해서 왔더니 기를 쓰고 견제하면, 굳이 그 세상에 들어가고 싶지 않았다. 함께하지 않아도 괜찮다. 인생의 주인공은 본인이고 0순위 보호자도 나 자신인데 누구를 위해 종을 울리려 한 것인가? 내려가는 엘리베이터를 기다리는 동안 명치에서 불이 났다.

"6층입니다."

6층. 6층에서 왼쪽, 심리센터를 찾을 때 안 보이던 필라테스 스튜디오는 호그와트 마법 학교처럼 나를 이끌었다. 어차피 같은 시간과 비용을 들인다면, 땀으로 스트레스를 배출하는 게 효율적이라는 생각이 머리를 스쳤다. 뱉어내지 못한 답답함을 해독하러 필라테스 문을 열었다. 설명이나 한번 들어보고 귀찮은 운동이면 그냥 나오면 된다.

목마른 사슴이

"여기가 기구로 필라테스 수업한다는 그곳 맞나요?"

문에 빤히 새겨진 '기구 필라테스'를 읽으면서, 성난 승모근을 두르고 문을 열었다. 겁먹은 예비 수강생을 데스크 직원이 원장실로 안내해 주었다. 필라테스 원장님은 의자에 앉으라고 권하며, 어떻게 찾아왔는지, 운동을 통해 어떤 효과를 기대하는지, 해본 운동은 어떤 게 있는지 차례차례 질문을 던졌다. 마치 실무진 면접을 받는 것처럼 긴장감에 땀이 삐질삐질 맺혔다.

적합한 상담을 이어가기 위해 체성분 검사를 진행했다. 검사 결과에는 여러 숫자와 그래프가 나와 있었다. 체중, 골격근량, 체지방량이 그래프로 표시되었는데, 나는 체중과 체지방량이 옆으로 길쭉하게 나왔고, 골격근량이 부족했다. 그 그래프는 C자 형태였고, 골격근량이 채워지면 D자 형태가 되어야 한다고 했다. 100점을 기준으로 점수도 표시되었는데, 내 점수는 60점대, 처참했다. 또한, 부위별 근육량과 체지방량이 표시된 전신 그림을 보니, 머리부터 발끝까지 골고루 찐 체형이었다.

    원장님은 수업 형태에 대해 설명해주었다. 개인 수업과 단체 수업이 다르고, 결제 방식은 3개월, 6개월, 12개월로 나뉘어 있었다. 길게 다닐 자신이 없다고 생각했지만, 운동 습관을 들이기 위해 최소 6개월부터 시작하는 걸 추천해 주었다. 6개월을 꾸준히 할 수 있을지 의문이 들었지만, 눈에 보이는 결과를 보니 현실을 직시할 수밖에 없었다.

    어느새, 내 카드가 원장님 손을 거쳐 일시불로 결제되었다.

들어 가시겠습니다

 신입 회원은 예약 과정을 건너뛰고 바로 첫 수업을 배정받는다. 나중에 치열한 예약 경쟁을 겪고 나서야 그게 신규 혜택이라는 걸 알게 되었다. 운동의 첫 단계인 수강 신청부터 경쟁을 겪었다면, 안개처럼 피어 오른 운동에 대한 의지는 분명, 포기로 이어졌을거다.

 "회원님, 리포머 실로 들어가시겠습니다."
 "그게 어디예요?"
 "앞에 있는 방이에요."
 어떤 형태이고 어떤 운동을 하는 기구인지, 또 어떤 난이도와 효과가 있는지 궁금했지만, 수업이 이미 시작되어 강의실로 들어갔다. 마치 블라인드 면접처럼 기구 이름이 붙은 단련실로 발을 들였다.

그 방에는 직사각형 네모 틀에 긴 손잡이가 두 쌍 연결되어 있고, 노랑, 빨강, 파랑 스프링과 고정핀을 가진 이상한 기구가 세대씩 양옆으로 나란히 누워 있었다. 기구 옆에는 위에 얹는 바닥이 뚫린 상자가 있어, 마치 침대가 되려다 멈춘 듯한 모양이었다.

드디어 시작된 필라테스, 대환장의 세계가 열렸다.

신입이에요

블루 스프링으로 끼우라는 안내를 듣고 갈피를 못 잡았다. '블루-스프링'이란 게 어떤 의미를 가지고 있는 단어인지 파악이 안됐고, 어떤 조작을 해야 할지 몰라 손이 허공에 떠 있었다. 손목에 찬 핑크 팔찌*를 휘저으며, 오늘 처음 온 회원이라고 어필했다. 그때, 가까이 다가온 강사가 파란색 스프링 하나를 고리에 끼워 기구를 고정하라고 차분하게 안내해 주었다.

"리포머 매트와 스프링 사이 공간으로 들어와서 일자로 서세요. 다리는 골반 넓이만큼 띄워 주세요. 왼쪽 다리는 고

---

* 팔찌 색상 : 회원의 상태에 따라 다른 색상의 팔찌로 컨디션을 표현한다. 핑크색은 '신규 회원'을 뜻하고, 보라색은 '몸이 불편한 회원'을 뜻한다. 강의 시작 전에 프론트에서 팔찌를 골라 착용하면 된다. 지점마다 사용하는 색상이 다를 수 있다.

정하고 오른쪽 다리는 매트 위에 올려 둘게요. 스프링 위쪽에 올라온 손잡이는 오른 손으로 가볍게 잡으세요. 왼쪽 다리를 구부리면서 오른쪽 다리를 뒤로 밀어줍니다."

동작 설명을 바로 이해하지 못해서 다른 수강생의 자세를 곁눈질로 따라 했다. 손은 기구에 부착된 바를 잡고 발은 사선으로 매트의 대각선 앞쪽에 위치시켰다. 옆구리를 접으라는 강사의 말대로 몸을 비틀었더니 비명에 가까운 신음이 새어 나왔고, 오른쪽 팔을 더 뻗자 근육이 찢어질 것 같은 느낌이 들었다. 내 앞으로 다가온 강사가 다리 위치를 살짝 앞으로 조정해 주었고, 멈춰 있던 허리가 앞으로 쑥 늘어나면서 다리에 힘이 들어가고 팔은 한층 자유로워졌다. 몸이 안정감을 찾으면서 처음 느꼈던 두려움이 서서히 사라졌다.

운동으로 땀을 흘리면 엔도르핀이 분비된다고 했던가? 지옥 같던 운동 시간이 끝나고, 바깥바람을 맞자 공기가 한층 더 달게 느껴졌다. 울적하게 보내던 시기였지만, 가장 개운하고 만족스러운 하루가 되었다.

작명소

 강의실의 차가운 분위기를 깨는 건 출석 호명이다. 한 명, 두 명… 여섯 명, 전체 여섯 명의 수강생이 불려가는 동안 내 이름은 여전히 들리지 않았다. 지금 내가 어디에 와 있는 걸까? 불안한 눈빛을 감추지 못하고 손바닥에 식은땀이 맺혔다.

 출석에 대답하지 못한 나를 발견한 강사는 다른 수업일 거라고 친절하게 말하며, 손은 밖으로 나가는 문을 안내해 주었다. 강의실 팻말을 다시 한 번 확인하고 예약한 수업을 찾아 벌건 얼굴로 문을 열었다.

 수강실을 헷갈린 이유는 강의실 이름이 기구명인데 기구를 외우지 못해서였다. 그래서, 올바른 강의실을 찾기 위해 낯선 기구*의 특징을 파악하고 별명을 지었다. 침대가 되다 만 모습에 스프링이 달린 리포머는 '매트리스 리포머'라는 친근한 이름을 얻었고, 사다리 바와 뜀틀이 있는 바렐은 '바-바렐'로 외웠다.

 기구와 찰떡같이 맞아 떨어지는 작명에 빠져들며, 나는 어느새 자아도취에 빠져버렸다. 이제 강의실을 헷갈리는 건 다른 사람의 이야기다.

---

* 리포머(Reformer) : 눕고 싶은 특징, 캐리라는 지지대가 레일 위에서 움직이게 되어 있다. 수련자는 이 위에 눕거나, 앉거나, 엎드리는 등 다양한 자세를 취하고, 지지대에 연결된 스프링을 밀고 당기는 동작을 통해, 신체의 전 부위를 단련한다. 스프링의 흔들림을 제어하는 능력을 발달시키고, 신체의 근육을 바르게 사용하는 법을 익힐 수 있다.

* 바렐(Spine Corrector / Barrel (Ladder/Arc)) : 뜀틀 닮은 기구. 필라테스 기구 중 스프링이 없는 기구이다. 손잡이로 활용되는 사다리와 올라 가서 동작을 취할 수 있는 바렐로 구성되어 있다. 바렐은 얼핏 보면 뜀틀이 연상되는 기구로, 매트위에서 동작을 취할 때 무게 중심이 불안정하여 코어 근육과 허벅지에 힘이 들어간다.

리포머(Reformer)

바렐(Spine Corrector / Barrel (Ladder/Arc))

대화가 필요해

"회원님, 키 커지는 느낌으로 정수리를 하늘로 뽑아 주세요."

'선생님, 그 느낌… 저도 알고 싶어요. 근데 이미 옛날 옛적에 다 커버렸어요.'

속으로는 더 이상 자라지 않는 게 슬프다고 생각하면서도, 말은 못 하고 그저 동작만 따라한다.

끝이 보인다

　　스프링은 불안정한 지지대를 잡아주는 역할을 한다. 약한 탄성은 동작을 취할 때 기구의 위치를 흔들리게 만들어, 전신의 무게 중심에 집중하며 팔다리를 부들부들 떨리게 만든다. 손잡이를 살짝 쥐어보지만, 그 약한 탄성은 스프링과 매트사이를 무중력 상태로 만드는지 어디에도 의지할 수 없다. 바닥을 지지하고 있는 다리에 힘을 보내야 흔들리지 않고 서 있을 수 있다.

　　스프링을 두 개로 늘려 채우면 강도가 세지고, 강한 탄성은 리포머 매트 위에서 움직이며 동작할 때 힘을 더 강하게 전달한다. 전신의 무게 중심을 한쪽 다리에 집중하고, 반대쪽 다리는 지긋이 밀어내며 근력을 강화하는 데 힘을 쏟는다.

 쇠고리 몇 개를 걸었다고, 매트에 누운 내 몸을 끌어당기는 게 이렇게 힘든 일이었는지 생각하게 된다. 숨소리만 들리는 고요한 시간 속에서, 문득 개미의 위대함을 떠올려본다. 잡생각을 끈적하게 뒤로 밀어내며, 이 시간이 얼른 지나가길 간절히 바란다.

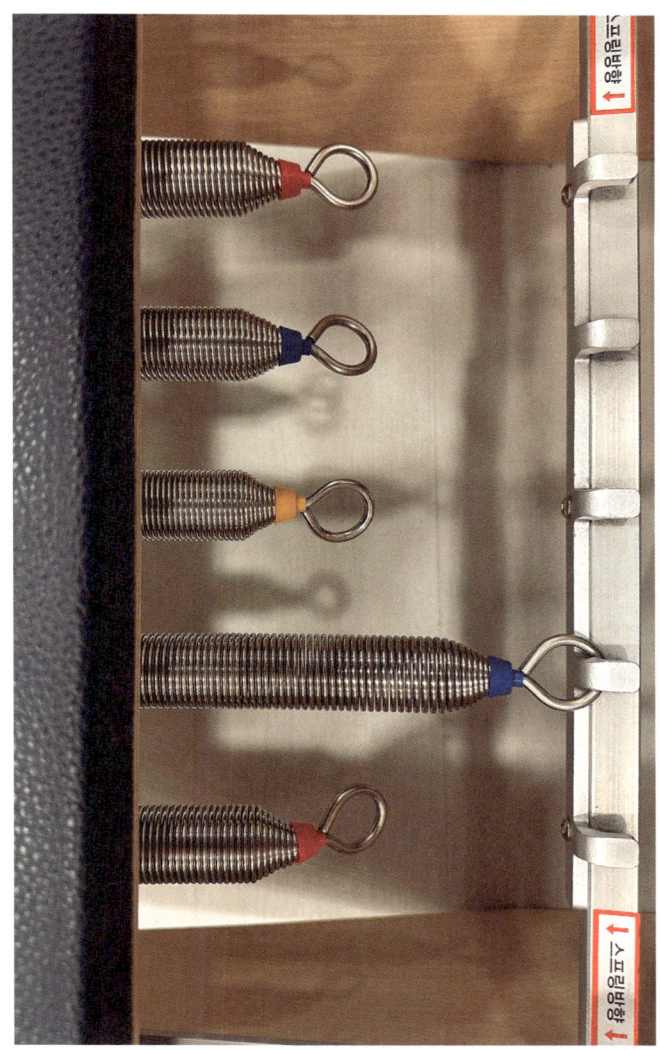

청개구리

 제일 먼저 배운 필라테스 용어는 포인(Pointe)과 플렉스(Flex)다. 발등을 쭉 뻗은 포인, 엄지발가락을 몸 쪽으로 끌어당기며 발바닥은 앞으로 밀어내는 플렉스. 이 두 동작은 기본 중의 기본으로, 발목과 종아리 뒤쪽 근육에 자극을 주며 뭉친 근육을 풀어주고 혈류를 촉진시킨다. 하지만 초보자에게 이 간단한 동작은 늘 헷갈린다. 수업이 시작되면 강사의 지시는 귀에 쏙쏙 들어오지만, 머릿속에서는 포인과 플렉스가 뒤죽박죽으로 뒤섞인다.

 "바렐에 오른쪽 다리를 올리고 발은 포인으로 두세요."
 그 순간, 내 머릿속에서 '포인'과 '플렉스'가 서로 싸우고 있었다. '당기는 거야, 아니면 뻗어야 하나?' 발뒤꿈

치로 매트를 누르고 발끝은 하늘로 쭉 뻗어야 하는 건지, 아니면 몸 쪽으로 당겨야 하는 건지 구분이 안 갔다. 한국어 표현과 영어 이름이 매칭되지 않아 더 혼란스러웠다.

발등을 몸 쪽으로 당기며 엄지 발바닥은 정면을 바라보게 하고, 겨우 'ㄱ'자 형태를 만들어 몸을 뻣뻣하게 유지했다. 발끝을 바라보며 서 있는 내 모습이 어색하게 느껴졌다.

"회원님, 포인이요. 지금 발 모양은 플렉스에요. 발등을 쭉 펴서 일자로 만드세요." 급히 발등을 앞으로 뽑아낸다.
"매트 위에 있는 다리를 허벅지 안쪽이 바닥을 보게 돌리세요. 발은 플렉스로 두세요." 발 뒤꿈치를 뻗어낸 내 발은 'ㅡ'자 형태로 유지됐다.
"회원님, 플렉스요. 지금 발은 포인이에요. 발을 'ㄱ'자 형태로 만들어 주세요."

귀에 들어온 동작이 뇌를 거쳐 가는 동안, 나는 이미 어떤 자세를 취해야 할지 방향을 잃었다. 포인에 맞게 발을 평평하게 피는 것인지, 플렉스에 맞게 발을 'ㄱ'자로 구부리고 있는 건지 헷갈렸다. 아무래도 플렉스는 'ㄴ'과 더 어울리는데 'ㄱ'이라고 하니까 모습과 단어가 매칭되지 않았다. 몸이 동작에 자동 반응할 때까지 발목을 구부렸다 펴기를 반복했다. 강사는 계속해서 지적했고, 나는 거꾸로 동작하는 골칫덩어리 회원이 된 것 같았다.

    헷갈리는 동작 명과 발모양이 어울리게 별명을 붙여주고 싶어진다. '찔러버려 포인', '당겨버려 플렉스'. 두 동작을 반복하는 동안, 허벅지 뒤쪽 근육이 저릿해진다. 틀린 동작을 반복할 때마다 가해지는 자극처럼, 포인과 플렉스의 혼선을 더 이상 겪지 말라고 뇌에 신호가 전달되는 것 같다.

    아직도 내 발은 한 번에 올바른 동작[*]을 취하지 못한다. 별명이라도 붙여서 기억하려 해도, 제대로 되지 않는 내 모습에 여전히 답답함이 가시지 않는다.

---

* 필라테스 동작 명

포인(Pointe) : 발레에서 사용되는 기술로, 발끝까지 힘을 뻗어내는 움직임이다. 이 동작은 종아리 근육을 단련시킨다. 발목관절에서 발등이 아래로 향하는 굴곡의 움직임이다.

플렉스(Flex) : 발목 관절을 사용하여 발목을 다리 쪽으로 당기는 동작이다. 발뒤꿈치를 최대한 아래쪽으로 밀어내는 것으로 포인(Pointe)와 대비된다. 발목 관절에서 발등을 위로 향하는 굴곡의 움직임이다.

하이힐

 예약제로 운영되는 필라테스 수업은 수강 신청 시간을 놓치면 금세 만석이 된다. 그런 상황에서는 대기를 해야 하는데, 어떤 수업에서 빈자리가 생길지 알 수 없으니 모든 수업에 이름을 올려 놓는다.

 수업이 시작되기 한 시간 전에 '스프링 체어' 수업에 자리가 났다는 반가운 연락을 받았다. 바로 간다고 답하고 서둘러 준비를 마친 후, 급히 나섰다. 빈자리에 서서 가벼운 스트레칭으로 운동이 시작되었다.

 "오른손을 왼쪽 귀에 올리고, 살짝 오른쪽으로 당겨주세요. 하나, 둘, 셋, 넷, 다섯, 여섯, 일곱, 여덟."

 "오른손을 왼쪽 뒤통수의 사선 쪽으로 옮겨서, 고개를

아래쪽으로 당겨줍니다. 턱을 쇄골 가까이 보내며, 하나, 둘, 셋, 넷, 다섯, 여섯, 일곱, 여덟."

오른쪽, 왼쪽. 목과 승모근에 운동의 시작을 알린다. 이번 수업은 스프링 체어*를 활용한 운동으로, 이 기구는 의자 위에 바가 있고, 아래에는 스프링이 달린 발판이 있다. 스프링 고리를 통해 탄성을 조절함으로써 허벅지와 종아리 근육을 단련할 수 있다. 하지만 스프링 고리가 헐렁하게 채워지면 사고로 이어질 수 있으므로, 반드시 확인하고 사용하는 것이 중요하다.

"오른쪽 발을 체어 매트 위에 올리고, 왼쪽 발은 발판에 두세요. 두 손은 손잡이를 잡되, 살짝 올려놨다는 느낌으로만 잡아주세요." 한쪽 발만 계단 위에 올려놓은 어정쩡한 자세가 되었다. 무게 중심이 엉덩이에 쏠리며 상체가 흔들거리자, 나는 손잡이를 겨우 잡았다.

"체중은 오른쪽 발바닥으로 옮겨주세요. 오른쪽 허벅지 힘으로 일어섭니다. 천천히, 왼발로 발판을 누르며 내려오세요. 왼쪽 발은 하이힐을 신은 듯 발바닥으로 발판을 눌러주세요."

---

* 스프링 체어(Wunda Chair / Pilates Chair) : 주저앉고 싶은 매력. 이름과 같이 필라테스 체어는 의자 형태의 장비이다. 여러 가지 운동을 할 수 있는 구조로 설계되어 있다. 보통 조절 가능한 스프링이 장착되어 있어, 운동 강도를 조절할 수 있다. 한 쪽 다리로 중심을 잡고 나머지 신체의 무게 중심을 옮겨가는 운동을 한다. 균형 감각과 코어 근육을 키우는 데 탁월한 효과가 있다.

"쾅, 쾅, 콰르릉."

"천천히 발바닥 앞쪽으로 눌러주세요. 소리 나지 않게 유지하면서 천천히 동작하세요."

매트에 실린 무게감이 점차 몸속에 힘의 원천으로 깊숙이 들어오는 듯, 내 몸은 힘을 풀고 또 집중하며 동작을 반복했다. 체어에 올라서고 내려앉을 때마다 스프링이 팽창됐다가 수축되며, '쾅쾅, 콰르릉.' 멜로디가 흘러 나왔다. 늘어난 스프링이 본래의 모습을 찾으려고 여기저기서 난타처럼 소리가 이어졌다. '천천히'에 집중하며 오른쪽으로 동작을 익히고 몇 번 해보니, 왼쪽은 조금 더 부드럽게 동작할 수 있을 것 같다.

"쾅쾅, 콰르릉." 부드럽고 우아하게 발을 내딛었지만, 다리에 힘이 풀려 강약 조절을 쉽지 않아서 데시벨이 줄어들지 않는다. 이러다가 스프링이 끊어지거나 풀리는 건 아닐지 걱정될 정도다. 종일 고요했던 단련실에서 수업만을 기다렸을 스프링 체어는, 오늘 나를 고객으로 만난 걸 조금 아쉬워할지도 모르겠다.

스프링체어(Wunda Chair / Pilates Chair)

불협화음

　수업을 시작하기 전, 마음속 깊은 곳에서 두려움이 밀려온다. 또다시 고통스러울 것만 같은 예감에 가슴이 답답해지고, 몸은 이미 피로를 느끼고 있다. 매번 다짐하지만, 역시나 운동을 시작하기 전의 불안감은 여전히 나를 압도한다. 내가 잘 해낼 수 있을까, 몸이 따라줄까 하는 걱정이 머리를 떠나지 않는다.

　비어 있는 자리를 골라 기구를 정비한다. 방금 끝난 수업의 열기가 매트 위에 따스함으로 남아 있다. 수업에서 달궈진 열정이 기구에 남아 있는 듯, 그 온기를 느끼며 발바닥으로 매트를 꾹 눌러본다. '괜찮아. 겁먹지 말자.' 두려움은 잠시 잊고 다시 마음을 가다듬는다. 한 번 더 힘을 내면 분명히 끝낼 수 있을 거라 믿으며, 조금씩 준비 운동을 시작한다.

"자, 정면의 거울을 바라보고 서 주세요. 이제 왼팔을 자연스럽게 내려서 사선 방향으로 쭉 뻗어줍니다. 오른손은 왼쪽 귀에 가볍게 올리고, 오른쪽으로 살짝 당겨 주세요. 이때, 목은 편안하게 유지하고, 손으로 귀를 부드럽게 잡아당겨 주세요."
"다음은 오른손을 뒤통수에 두고, 턱을 가볍게 당기세요. 이제 시선은 오른쪽 쇄골을 바라보며, 목을 길게 늘려주세요. 왼손바닥은 앞쪽을 향하게 하면서, 왼손으로 바닥을 찔러내듯 천천히 내려주세요. 이때, 머리는 왼손과 멀어지게 하여 목과 어깨를 깊게 늘려 주세요."
왼쪽 한번 오른쪽 한번, 뒷골에 뭉친 긴장이 땀방울과 함께 떨어진다.

"뒤돌아서 다리를 바렐 매트 위에 기역 자로 올리고, 등을 동그랗게 말면서 앞으로 내려가세요. 손은 바닥을 향해 사선으로 깊숙이 찔러 주세요. 그럼 허벅지가 당겨지는 느낌이 들 거예요."
운동을 시작하면서, 나는 몸의 각 부위를 어떻게 움직여야 할지 강사의 지도를 통역하기 바쁘다. 무릎과 상체는 서로 일정 거리를 두고, 승모근과 허리, 허벅지까지 일일이 신경 쓰며 움직인다. 그런데 이상하게도, 그 통증은 골고루 나눠지지 않고 각기 다른 강도로 자극이 온다. 어깨, 허리, 허벅지가 모두 찌릿 신호가 오는데, 이게 불협화음의 매력일까? 아마 내 신체와 성대가 협력하여 만들어 낸, 이 모든 소리들이 그야말로 '운동 초보자의 오케스트라'라고 할 수 있겠다.

그냥 숨을 쉬는 것만으로도 근육에 고통이 가해지는 듯하다. 한 번에 제대로 동작이 이루어지지 않아서 온몸이 뻣뻣해진다. 일그러진 얼굴위로 긍정적인 강사의 메시지가 어른거린다.

"처음이 힘들지, 한 번 배운 동작은 몸이 기억해요. 다음에 할 때는 좀 더 수월하게 할 수 있을 거예요."

그의 말처럼, 조금씩 따라 하다 보면 어느 순간 몸이 적응할 거라고 믿고 다시 몸을 움직여본다. 허벅지와 승모근에서 느껴지는 통증은 점점 강해지지만, 그 고통도 서서히 줄어들 거라는 희망을 품으며 조금 더 몸을 늘려본다. 지금 이 순간도, 다가올 고통도, 그 모두가 결국 지나갈 일임을 알기에. 쭉쭉 팔 다리를 찢어본다.

대화가 필요해

"선생님, 아파요."
"아픈 거 맞아요."

훔쳐보기

 "아래에서 두 번째 사다리에 발을 앞뒤로 두고, 몸을 사선으로 유지하세요."

 준비 운동이 끝나고 강도가 서서히 높아진다. 어떤 자세를 취해야 할지 따라가기 어려워진다. 바렐 매트와 사다리 사이에서 꽈배기처럼 발을 앞뒤로 위치시키자 아랫배가 매트를 터치하고 상체가 앞으로 쏠린다. 허벅지 안쪽에 힘을 주어 하체를 고정하고, 최대한 배꼽을 등 쪽으로 보내며 상체를 꼿꼿하게 세운다.

 "옆구리를 늘리며 바렐에 상체를 기울이고, 옆구리를 꼬집어서 상체를 일으키세요."

 갈 길을 잃은 눈동자에 수강생들의 동작을 훔쳐보느라

바쁘다. 그들은 자연스럽게 팔로 원을 그리며 바렐 기구 옆에 우아하게 서 있는 발레리나들처럼 보인다. 반면, 나는 팔만 까딱거리는 고장 난 호두까기 인형 같다. 갈비뼈에 붙은 근육이 지방 접착제로 고정된 것처럼, 남들이 반원을 그리는 동안 나는 겨우 움직이는 게 최선이다.

튼튼하게 지지해 줘야 하는 다리는 부들부들 떨리고, 옆으로 움직이라는 상체는 앞뒤로 흔들린다. 골반은 기구 옆에 정면을 바라본 자세를 유지해야 하는데, 자꾸 자세가 무너진다. 사다리 발판을 누르고 있는 오른쪽 발바닥에 힘을 실어 왼쪽 다리를 뒤로 들다가 그만, 오른쪽 종아리에 쥐가 났다.

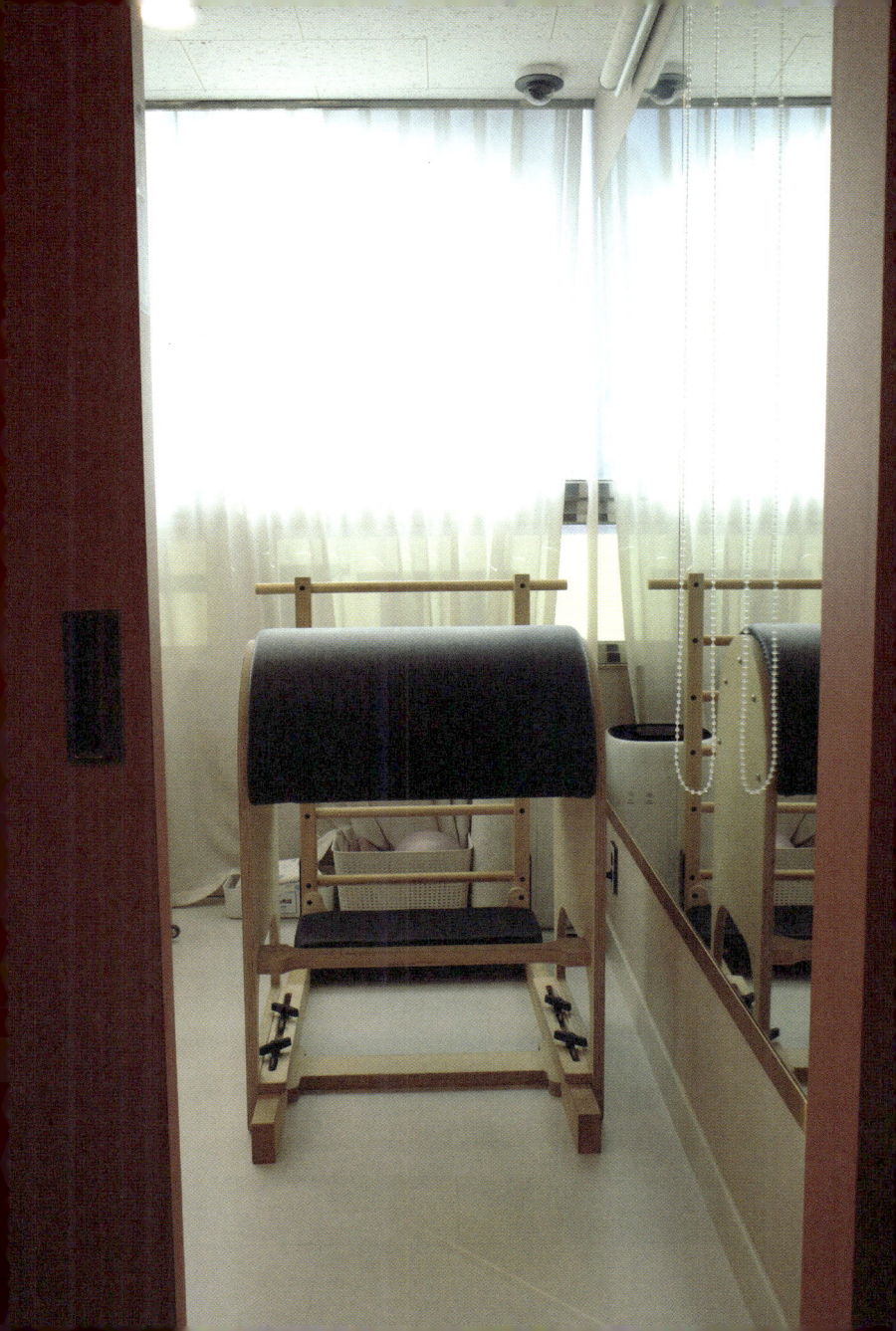

이런 기분 처음이야

그게 운동이야?

 필라테스를 한다고 하면, 이 종목을 해본 적이 없는 사람들로부터 듣는 이야기들이 있다.

 " 그게 운동이야? 덤벨 들고 철봉이라도 해야 운동이지, 그게 무슨 운동이냐? 유산소도 아니고, 코어 운동도 아닌데, 그냥 몸 늘리고 비틀기만 하는 걸 돈 주고 하냐? 기지개 펴고 베베 꼬는 게 스트레칭이랑 뭐가 다른데? "

 이런 말을 들을 때마다 한숨이 나온다. '그게 말입니다….'

 필라테스(Pilates, 또는 Contrology)는 1910년대 중반, 제1차 세계 대전 중 영국 랭커스터 포로수용소에서 요제프 필라테스(Joseph H. Pilates)가 고안한 운동

법이다. 그는 포로들의 운동 부족을 해결하고 재활 치료 및 정신 수련을 돕기 위해, 침대와 매트리스 같은 간단한 기구를 이용해 운동을 만들었다. 필라테스는 본래 '근육의 균형과 강화를 위한 운동'으로 시작되었으며, 이제는 몸의 중심(Core)을 강화하고, 유연성, 근력, 자세 교정을 통해 몸의 안정성을 높이는 데 중점을 두는 운동법으로 발전했다. (출처: 위키백과)

"그게 운동이냐?"라고 묻는 그들의 말처럼, 이건 운동보다 고문에 가깝다. 사무실이라는 직장인 수용소에서 인간답게 살아남기 위해 부족한 몸짓과 정신수련을 하는 고문의 연장선이다. '내 돈 내산' 내가 돈 내고 내가 산 고문이 따로 없다.

오늘 운동 완료

가기 싫다. 수업 시작 전, 횟수 차감 없이 취소가 가능한 시간이 있다. 24시간 전이거나 4시간 전이거나, 필라테스 지점마다 취소 가능한 시간이 정해져 있다. 취소 버튼을 누를지 말지 고민하는 내 손은 애먼 오른쪽 검지를 계속해서 예약 페이지를 위아래로 움직인다.

오늘 예약된 수업은 두세 번 운동한 것과 같은 효과가 있는 인기 강좌로, 주로 수강 신청 3분 만에 마감된다. 쟁쟁한 경쟁자를 제치고 어렵게 신청한 수업을 취소하기 아깝다. 듣기 어려운 수업이니만큼 취소를 고사하고 수업 예약 상태를 유지하기로 마음먹는다.

수업 시작 10분 전, 알람이 요란하게 울린다. 그 소리에 반응하는 파블로의 강아지처럼, 나는 강의실로 뛰어갔다. 운동가기 싫었지만, 신청한 수업에 무조건 참석하자는 나 자신과의 약속을 지키며 수업에 참석했다. 가기 싫을수록 운동이 끝나면 느껴지는 성취감이 남다르다. 오늘도 나와의 약속을 지킨 그 감정은, 내가 나를 이겨냈다는 희열을 준다.

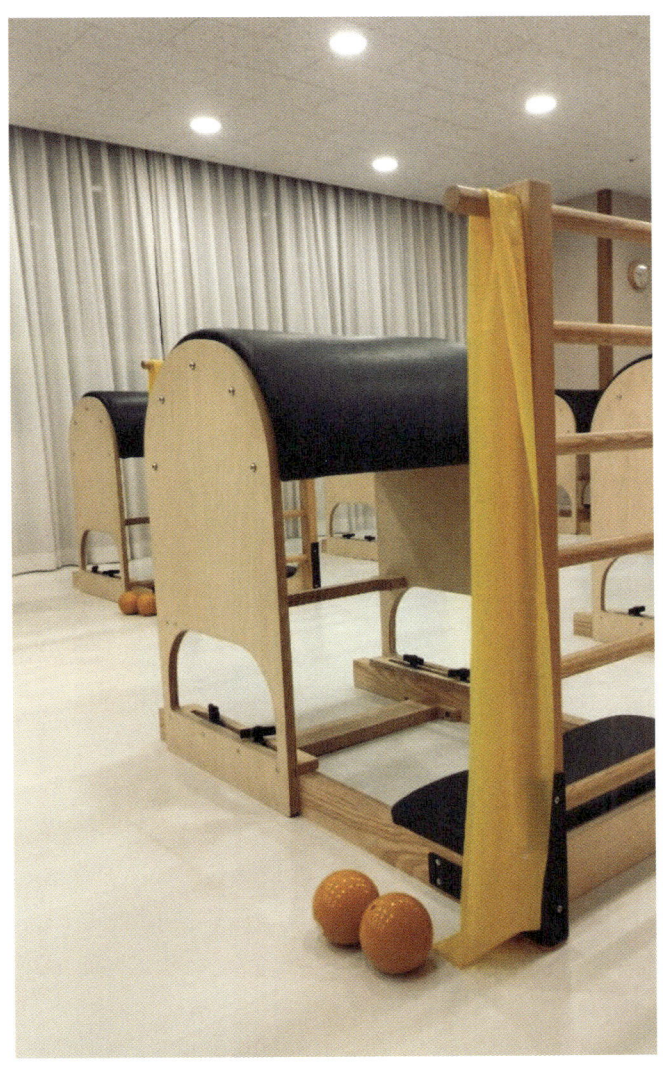

꼬까옷

"안녕하세요! 우리 엄마가 과자 사줬어요!"

5살의 나는, 대문 앞에 서서 지나가는 사람들에게 신상 과자를 받았다고 자랑스럽게 소문을 냈다. 봉지 과자의 위를 활짝 뜯고 과자를 보여주며, 기쁨을 널리 알리고 싶어서 안달이 났었다. 그때의 순수한 마음처럼, 지금도 행복한 소식은 누군가와 나누고 싶은 마음이 그대로 남아 있다.

며칠 전, 나는 상하의 운동복 세트와 미끄럼방지 양말을 새로 샀다. 산뜻한 민트 색상의 레깅스는 다리를 꽉 감싸며 복부에 힘을 주고, 중력에 이끌리던 엉덩이를 하늘로 올려준다. 다리도 얄팍하게 잡아주어 훨씬 길어 보이며, 레깅스를 입고 자세를 취할 때마다 힘이 정확히 들어가는 게 보이기 때문에 군살 체크도 완벽하다. 부드러운 살구색 상의는 송송 뚫린 구멍 덕분에 환기가 잘되고, 옆 선이 살짝 열려 있어 옆구리를 늘리는 자세를 취하기에도 편하다.

 미끄럼방지 양말은 따로 배송되어 왔다. 나는 손과 발에 땀이 많아 발로 디디는 동작을 할 때 미끄러질까봐 두려워서 동작을 자신있게 하지 못했다. 하지만 발바닥에 장착된 고무 발판 덕분에 발이 미끄러지지 않아서 발바닥으로 매트를 꾹 누르고, 자신 있게 하체에 힘을 싣고 안정감있는 운동을 할 수 있다. 특히 이 양말은 발가락을 하나하나 감싸주어 발가락 마사지를 받는 듯하고, 발등 위의 타원형 구멍 디자인은 뽀얀 발등을 드러내 그 자체로 매혹적이다.
 머리부터 발 끝까지 필라테스를 위해 준비한 운동복은 그저 색감과 디자인에 치중하여 구매한 옷이 아니라, 동작을 정확하게 잡아주는 보조 강사이다.

 그런데 레깅스를 입고 거리를 활보할 수는 없고, 발등이 훤히 보이는 새 양말을 샀다고 어디 가서 보여줄 수도 없다. 집안에서 입고 있자니, 빡빡한 고무 발판이 자꾸 발목을 잡는 느낌이 들어 불편하다. 운동복에 갇힌 몸은 답답하기만 하다.
 민트 색상의 레깅스를 입고 하늘 위로 다리를 뻗고 싶

고, 오른쪽과 왼쪽 옆구리를 우아하게 늘려 반원처럼 만들고 싶다. 고무 발판을 신고 빡빡 소리를 내며 자유롭게 걸어다닐 수 있는 그 곳이 그립다. 얼른 운동을 가고 싶다.

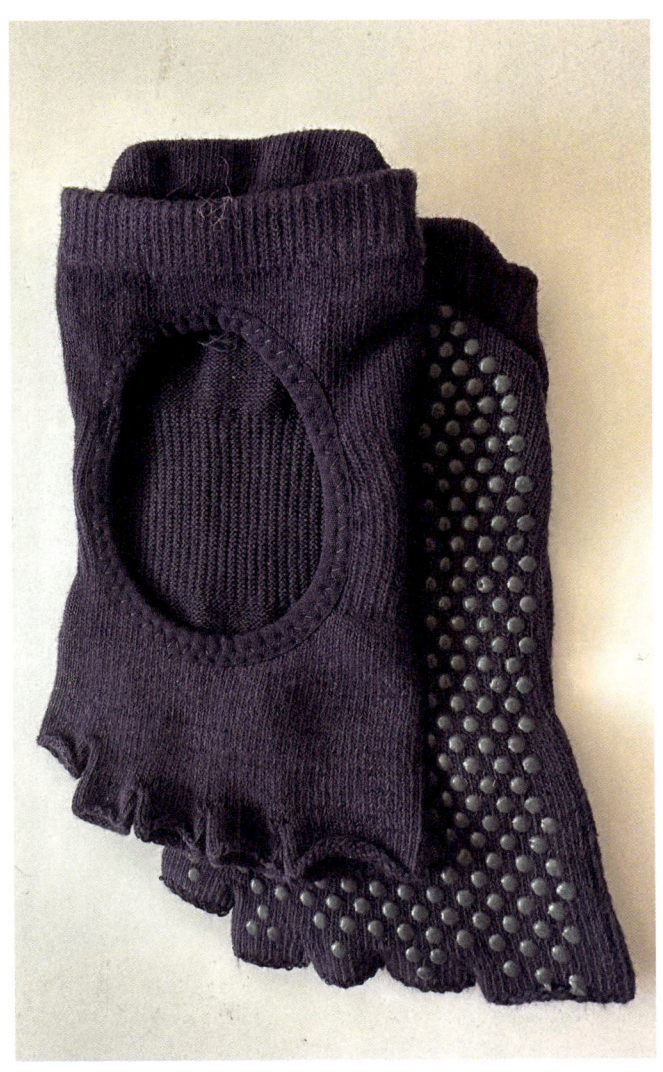

누가 시켰어

　노란 공 두 개가 각자 자리마다 놓여 있다. 손안에 들어오는 크기로 제법 존재감이 묵직하게 느껴지는 튼실한 공이다. 손잡이 겸 사다리를 밟고 바렐 매트 위에 위에 앉아 두 공을 살포시 쥐었다. 가벼운 공이라고 최면을 걸며 공을 어깨 높이까지 들어 올리고, 승모근의 긴장을 풀어본다.
　미니언즈처럼 귀여운 쌍둥이 공이 두 팔을 바닥으로 끌어당기며 팔뚝에 힘이 들어간다.

　두 팔을 앞으로 들어, 어깨 높이를 유지하며 골반을 둥글게 말고 등을 뒤로 보낸다. 팔이 저릿하고, 무방비하게 튀어 나온 뱃살이 경운기처럼 파르르하게 떨린다. 척추뼈를 하나씩 쌓아 상체를 세우고 사다리에 끼워 고정시킨 발을 빼서 다리 한쪽을 테이블 탑*으로 든다. 허리 통증이 유발될 수 있으니, 배꼽을 등으로 보내서 코어에 힘을 잡는다. 땀이 송골송골 맺힌다.

미니언즈를 든 양손은 앞으로 나란히, 양팔 벌리기 동작을 병행한다. 양팔을 내려끄는 무게를 이겨내며 팔을 어깨 높이에 맞춰 유지한다. 양팔을 가로로 일자로 벌리고, 세로로 일자로 모으는 동작은 정말 내 돈 내산, 신종 고문이 따로 없다. 통통하게 살이 올라 두툼한 팔뚝이 괜히 야속하다.

---

* 테이블 탑(Table top) : 자세 다리를 직각으로 만들어 테이블 위에 올려놓은 듯한 모습, 천장에 종아리가 대등하게 보이게 다리를 낫처럼 든 자세이다.

혼자서 잘 못해요

 명절 연휴로 강의 일정이 비어, 어쩔 수 없이 필라테스를 건너뛰며 연휴를 흠뻑 즐겼다. 갈비는 단백질이니까 괜찮고, 전은 채소로 만들었으니까 건강하다고 합리화하며 마음껏 먹었다. 하루 종일 늘어져 놀고, 먹고 마시며 아무것도 하지 않은 채 소파와 물아일체가 되었다.

 긴장감을 잃은 내 뱃살은 뽀얗고 보드랍게 말랑거리는 거대한 찹쌀떡으로 변해갔다. 그렇게 며칠 동안 자유로운 기쁨을 만끽한 뒤, 허리, 엉덩이, 어깨에 알 수 없는 무거움이 밀려왔다.

 괜스레 팔을 나란히 위로 들고 정수리를 하늘 높이 뽑아 올리듯 기지개를 켜본다. 책상 위에 한쪽 다리를 올리고 발등을 앞으로 뻗으며 몸을 숙여본다. 팔다리를 움직여도 시원한 느낌이 들지 않는다. 오른 손으로 의자를 잡고 오른 쪽 다리는 구부렸다. 왼쪽 다리는 쭉 뻗은 채, 왼쪽 팔을 오른 쪽으로 쭉 당겨 옆구리를 부채꼴 모양으로 늘렸다.

수업할 때 이런 동작을 하면 옆구리와 허벅지 안쪽에 자극이 느껴지고 몸이 유연해졌는데, 집에서 하는 움직임은 전혀 효과가 없는 듯하다.

아무래도 연휴 동안 갈비찜으로 만들어진 지방층이 강력하게 자리 잡은 것 같다. 내가 하는 동작은 시원함이 부족하고, 팔다리의 유연함과 찌뿌둥함을 물리치기엔 역부족이다. 스스로 하는 운동만으로는 중요한 무언가가 빠진 듯한 아쉬움이 남았다. 강사의 음성이 있어야만 구령에 맞춰 팔다리를 더 늘리고, 제대로 된 자극을 받을 수 있다. 이런 상태로는 운동의 효과가 제대로 나지 않는다. 운동하러 가야겠다.

대화 중 오류

"아파서 운동 가야겠는데?"
"아픈데, 운동을 왜 가?"

No Show

 연이은 야근으로 평일 수업에 참석하지 못했다. 토요일 오전 수업을 통해 긴장으로 뭉친 근육을 풀어내고 싶었다. 금요일 저녁까지 확고했던 의지는 새벽녘 창가를 두드리는 빗소리에 흔들린다. 차가운 비의 영향으로 내려앉은 습도 덕분에 방 안은 더할 나위 없이 포근하고, 내 안의 천사는 오리털 이불을 덮어주며 아무것도 안 해도 괜찮다고 위로해 준다.

 이런 날은 수업에 불참자가 많아 그룹 수업이 소수의 인원만 참여하게 된다. 다부진 어깨를 가진 악마는 골반 옆에 손을 올리고, 오늘은 그룹 수업을 개인 수업처럼 즐길 기회라며 씩씩하게 환호한다. 지도를 독차지할 수 있는 열띤 수업을 경험할 수 있다고 유혹한다.

하지만 천사도, 악마도 필요 없다. 'No Show는 없다'는 내 기본 신념을 지켜야 한다. 허벅지를 잡아주는 레깅스에 다리를 욱여넣고 찬바람을 이겨내기 위해 가볍게 달려 나갔다. 아스팔트 위에서 왕관 모양으로 팡팡 터지는 물방울들이 응원을 아끼지 않는다. 50분? 그까짓 거 금방 지나갈 거다. 끝나면 신선한 샐러드를 마구 씹어야겠다.

단 하나의 사랑

 빨리 뛰어가면 비에 덜 젖을 수 있을 거라는 생각에 서둘렀다. 레깅스의 발목 부분이 젖어 강의실로 들어선 몸이 축축해졌다. 예약 만석인 수업인데 아무도 오지 않았다. 비를 뚫고 온 첫 번째 회원이라며 귀여운 미소를 지은 강사가 무섭다. 그녀의 눈동자에 어린 불꽃을 분명히 보았다. 강사는 비를 뚫고 온 수강생을 위해 특별히 강도를 높이겠다고 했고, 나는 어서 다른 동료들이 들어오길 바랐다.

 수업은 리포머 실에서 시작됐다. 침대처럼 생긴 리포머는 기구 본체에 매트가 달려 있고, 스프링으로 매트를 기구 본체에 고정한다. 노랑 스프링에 고리를 걸어 강도를 느슨하게 설정한 후, 매트 위에 서서 한쪽 발은 매트 위에 두고

반대쪽 다리는 움직이지 않는 기구 본체에 올려두었다. 팔은 양옆으로 벌리고 다리를 대자로 유지했다. 이 자세를 하려면 허벅지와 복부의 힘이 필요하다. 거울에 비친 내 모습이 리포머 위에 서 있는 레오나르도 다빈치 전신상처럼 느껴졌다. 큰대자로 뻗은 팔, 다리, 허리, 온몸이 떨렸다.

"선생님, 못 하겠는데요."
"회원님 할 수 있습니다. 잘하고 있어요."

동지 없는 단체 수업은 피할 구멍이 없다. 강사의 눈을 피해 팔을 내리거나 다리를 슬쩍 구부릴 수도 없다. 엉덩이를 뒤로 빠지지 않게 하고, 골반이 정면을 향하도록 유지해야 한다. 애정을 듬뿍 담은 한 시간 수업이 끝나고, 나의 두 다리는 해골 모형처럼 골반에 달려 터벅터벅 움직였다.

가까이 오지 마시오

'저한테 오지 마세요. 제발, 저를 바라보지 마세요. 저는 투명 인간이에요.'

텔레파시를 보내며 눈을 마주치지 않으려 애썼다. 그곳에 있지만, 그곳에 없는 존재가 되고 싶었다. 강사가 가까이 온다는 건 꼼수를 부리며 대충 시간만 보내려는 것을 들킨 것이다. 강사의 레이더망에 걸리면, 아파서 소극적으로 움직이는 동작을 강사의 집중 지도하에 더 멀리, 더 높이 관절을 뻗어 내야 한다. 이렇게 관심 회원이 되면 최소 3분은 옆에서 지켜보는데, 스파르타 단체 수업 속에서 일대일 지옥 과외를 받게 된다.

"회원님, 뒤로 뻗은 왼쪽 다리를 좀 더 위로 뻗어보세요. 오른쪽 정강이로 바닥을 눌러 주시고, 엉덩이를 뒤로 좀 더 빼면 안정적인 무게 중심을 느끼실 수 있을 거예요."

"무서워요."

"무서울 수 있어요. 옆에서 잡아드릴 테니, 시도해 보세요. 한 번 배운 동작은 다음에 몸이 기억하고 쉽게 따라 할 수 있어요."

필라테스는 '무리하게 동작을 따라 하지 않아도 된다'는 설명을 들었다. 그 말에 감명을 받아 운동을 시작했지만, 가끔 그 설명을 핑계 삼아 게으름을 피우고 싶어진다. 그런데 강사는 귀신같이 내 속을 꿰뚫어 본다. 설명이 어려워서 못 따라 하는 건지, 할 수 있는데도 안 하는 건지, 한 번에 알아차리고 곁을 떠나지 않는다.

결국 뻣뻣한 다리는 펴지고, 하늘 위로 쭉 올라간다. 안 되던 자세가 지도 강사의 시범처럼 깔끔한 동작을 취할 수 있게 되면서 막혀 있던 혈류가 뚫리는 것처럼 시원한 기운이 흐른다. 마치 한 마리 새처럼 가볍게 날아오르는 기분에 사로잡힌다. 수강생을 포기하지 않는 강사의 격려 덕분에, 자신감을 얻고 새로운 동작에 도전할 수 있게 된다.

명치 아래 압정

시간이 빠르게 흐른다고 느껴진다면, 플랭크 자세를 시도해보길 추천한다. 1분이 10년처럼 느껴질 정도로 그 짧은 시간 동안 온몸에 긴 고통을 주지만, 그만큼 코어 근육을 강화하고 체지방을 줄이는 데 큰 효과가 있다. 스트레스 해소에도 효과적이고, 꾸준히 하면 신진대사도 활발해진다. 무엇보다 넓은 공간이나 특별한 준비물이 필요하지 않다. 그저 몸을 일자로 쭉 뻗을 수 있는 자리면 충분하다.

팔꿈치와 손을 바닥에 대고 평평하게 엎드려보자. 발끝으로 몸을 지탱하며 등, 허리, 엉덩이를 일직선으로 들어 올리면, 몸은 자연스럽게 낮은 직삼각형 모양이 된다. 이 자세를 1분 동안 유지해 본다.

특히 이 자세를 리포머 기구 위에서 해보면, 그 자극이 두 배로 느껴진다. 흔들리는 기구가 움직이지 않도록 힘을 고루 분포시키며 동작을 유지해야 한다. 내 몸을 지탱하느라, 기구가 흔들리지 않게 하느라 온 세포가 동작에 집중하게 된다.

10초가 지나고, 100초가 흘러가는 동안 그 순간이 영겁처럼 느껴지기도 한다. 복근도 없고 허벅지 힘도 부족한 나는 자꾸 배가 바닥에 붙어버리곤 한다. 몸이 점점 더 처지면서 강사의 눈에 띄지 않게 쉬운 자세를 찾으려고 몸을 왼쪽, 오른쪽으로 비튼다. 몸이 점점 바닥에 가까워진다.

"회원님, 명치 아래에 압정이 있다고 생각하세요. 더 내려가면 찔립니다!"

"선생님, 전 찔렸어요."

"할 수 있습니다. 이 동작만 끝나면 마무리 동작 들어갈 거예요. 마지막 10초만 버텨 볼게요."

포기하지 않는 강사의 목소리 덕분에 플랭크 자세를 끝까지 완주했다. 그리고 다시 압정에 찔리지 않겠다고 약속하며 단단해진 복근을 가지고 집으로 돌아왔다.

그녀의 손길

매트 위에서 두 손바닥과 정강이를 바닥에 붙이고 네모처럼 자세를 취하며 다리와 복부 운동을 하고 있을 때였다. 바렐 매트 위에서 무릎을 꿇고 종아리를 매트에 닿게 두며, 두 손은 사다리를 잡고 등은 천장을 향해 둥글게 올려 말았다. 숨을 고르고, 다시 등을 바닥에 닿을 듯 평평한 상태로 낮추며 아기자세를 만들었다. 왼쪽 다리에 무게 중심을 싣고 오른쪽 다리를 하늘 위 사선으로 들어 올렸다. 다리에서 머리까지 사선 방향이 되었다.

"복부에 힘주세요"
'힘준 건데요.'
배에 힘을 줬는데도 힘을 주라고 하니 어떻게 해야 할

지 모르겠다. 힘을 줘서 그나마 덜 볼록한 거라고 항의하고 싶지만, 운동 중인 목소리는 몸에 갇혀 말할 수 없었다. 그때, 가녀린 강사의 하얀 손이 무방비한 내 뱃살에 닿았다. 합! 기습적인 터치에 숨을 들이마시고 배를 척추까지 훅 당기니, 순식간에 힘이 들어갔다. 덕분에 배에 힘을 준다는 느낌이 어떤것인지, 배꼽을 척추까지 당기라는 멘트가 어떤 의미인지 알게 되었다.

수업이 끝난 뒤 강사는 갑자기 배를 만져서 놀라지 않았냐고 위로했다. 필라테스는 '핸즈 온'' 운동이라 간헐적인 터치가 있다고 알려 주었다. 기습적인 터치에 당황한 나는 바닥만 바라보고 있었는데, 내 뒤통수만 봐도 놀랐는지 다 알았나 보다.

---

* 핸즈 온(Hands on) : 필라테스에서 강사가 회원의 몸에 손을 대어 올바른 자세와 움직임을 교정하는 기술이다. 강사의 손길은 신체의 특정 부분에 집중하게 하여 운동 효과를 극대화하고 부상의 위험을 줄여준다. 또한, 핸즈 온은 즉각적인 피드백을 제공해 동작의 정확성을 높이며, 말로 설명하는 것보다 더 효과적으로 동작을 익힐 수 있도록 돕는다.

고장 난 시계

 오후 8시 정각, 필라테스 수업이 가벼운 스트레칭으로 시작된다. 여전히 외계어처럼 들리는 지도에 맞춰 동작을 이어가지만, 고통은 피할 수 없다. 남은 수업 시간을 확인하려 시계를 본다. 수업이 시작된 지 40분쯤 지났다면 오늘 수업이 무사히 끝나는 것이고, 30분 부근이면 이미 고통을 인지한 상태라 남은 시간은 고통의 연속이 된다. 간절히 40분쯤 지났으면 좋겠다고 바라며 곁눈질로 확인한다.

 '35분. 아, 오늘 수업 기네.' 오른쪽 동작을 마친 후 왼쪽 동작으로 넘어간다. 한 번 겪은 동작을 반대편으로 반복하는데, 이미 알고 있는 고통이 다시 해야해서 힘이 빠진다. 이제 45분이 지났겠지? 수업이 중반에 접어들었길 바라며, 게 눈 감추듯 시간을 확인해본다.

'37분. 이상하다.' 시간이 멈춘 것처럼 느껴진다. 고통스러운 동작이 무한히 반복되는 듯, 순간 이 수업이 끝나지 않으면 어떻게 될까, 하는 소름 끼치는 상상이 스쳤다. 근육의 움직임을 따라가던 명상이 점점 공포로 바뀌어, 호러 소설 속에 빠져들었다.

"선생님, 시계 고장 난 것 같아요."
"아니에요. 회원님, 계속 동작 하세요."
"선생님, 옆 반 나가는데요."
강사는 지나가는 다른 반 수강생들을 보며, 급히 손목시계를 확인했다.

"어머머, 시계가 고장 났네요. 왼쪽 동작마저 하고, 마무리 동작할게요."
끝날 기미가 보이지 않던 시간, 빠르게 마무리 동작이 이어지고 각자 이용한 자리를 정리하면서 그 공포의 시간이 모두 사라졌음을 실감했다. 무한 굴레에 빠진 이상한 시간이 끝나서 다행이었다.

써클링

　명색이 기구 필라테스임에도 불구하고, 수강생들은 대개 기구가 추가되면 긴장하게 된다. 특히 기구가 귀여워 보이는 날은 위험하다. 마음의 문을 활짝 열고 손에 쥔 그 기구로 해야 하는 동작이 하필이면 강화의 날이었다. 팔 근육, 복근, 상체, 하체까지 강화하는 동작들이 기다리고 있다. 쉬워 보이는 기구가 추가되는 날은 고통을 참고 땀을 뻘뻘 흘린 날들이 기억으로 남아있다.

　여러 기구 중 제일 큰 배신감이 느껴졌던 기구가 떠오른다. 작은 훌라후프를 닮은 써클링으로 동그란 고리에 양옆에 손잡이가 귀처럼 달린 모습이 눈사람 머리처럼 생겼다. 손가락 두 개로 가볍게 들어 올릴 수 있을 정도로 전혀

무서워 보이지 않았다. 하지만 이 기구와 자주 적용되는 동작은 바렐 꼭대기에서 하는 팔과 다리 운동이다.

이미 바렐 매트 위에 앉아 있는 자세는 불안정하여 배에 힘이 들어가고, 다리가 부들거린다. 그 상태에서 써클링의 양쪽 손잡이를 잡고 안쪽으로 누르고 살짝만 힘을 풀며 전신 운동을 한다. 순두부처럼 팔뚝에서 평온하게 지내던 지방들이 놀라서 그만하라고 호통친다.

팔 운동 후에는 써클링을 허벅지 사이에 끼우고 모양이 8자가 되도록 조인다. 다시 허벅지를 원상태로 늘려 줄 때는 허벅지가 떡하니 벌어지지 않도록 천천히 움직인다. 골반 너비보다 좁게 열리도록 허벅지 힘을 다 풀지 않아야 한다. 써클링이 닿은 허벅지 안쪽이 패일 듯 아프고, 활짝 펼쳐지지 못하게 허벅지를 잡아두는 바람에 허벅지 바깥쪽에도 고통이 퍼진다. 일상생활에 별로 쓰임새가 없는 허벅지 안쪽 근육, 모음근이 강화된다. 몸을 지탱하고 있던 아랫 배와 팔에 고통의 전극이 퍼진다.

수업이 끝난 후, 써클링을 손에서 반납하자 다리가 후덜거리기 시작한다. 넓적다리 관절에 끼워져 있던 다리가 덜렁거린다. 땀에 흠뻑 젖은 등에 에어컨 바람이 시원하게 스치며, 수고했다는 듯 부드럽게 쓰다듬어 준다.

대화가 필요해

"선생님, 아파요."
"어디가 아프세요?"
"허벅지요."
"허벅지요? 오늘 허벅지 운동한 거 맞아요. 그게 바로 타게팅이라는 거예요. 오늘 타게팅이 성공한 거예요."

'사냥하신 건가요.'

난 네가 싫어

초록 고무밴드, 노란 공 두 개, 파란 공, 써클링, 폼롤러, 스틱. 필라테스 기구들이 내 눈앞에 펼쳐질 때마다 불안이 엄습해 온다. 기구가 추가될수록 운동 강도가 세지고, 그 고통의 크기도 커진다는 학습 결과가 떠오른다. 보조 도구를 보며 마음 속으로 '난 네가 싫어'라고 속삭이지만, 한낱 수강생은 기구를 거부할 수 없다. 그저 자리마다 놓여 진 기구가 장식이길 간절히 바랄 뿐이다.

보조 도구는 손 위에, 무릎 사이에, 허벅지 아래에 두는데 신체 사이 공간을 유지하면서 들어 올렸다 내렸다 동작을 반복해야 한다. 그러는 중 내 무게가 기구 위에 무겁게 내려 앉아서 더 했다가는 보조 도구가 살을 파고 들 것만 같다. 도대체 메인 기구로도 힘든데, 왜 보조 기구가 필요한지 그 존재가 영 반갑지 않다.

수업이 끝나면, 부위를 설명할 수 없는 몸 어딘가에 자극이 느껴진다. 아프던 허리가 시원해지고 팔뚝 아래에 힘이 들어간다. 고작 작은 보조 도구가 괴로운 마음을 상쾌하게 바꿔주었다.

근육을 발전시키는 기구의 효과로 인해 수업이 더 풍성해진다는 걸 알지만, 그 두려움과 기대감이 교차하는 혼돈의 시간을 겪는다. 운동을 시작하기 전의 거부감, 운동 중의 고통, 그리고 끝난 후의 뿌듯함. 이 모든 감정이 엮여, 보조 기구가 준비된 날의 수업은 마치 한 편의 스릴러처럼 나를 휘감는다. 복잡한 감정 속에서 계속해서 운동을 이어가고, 고통을 감내하며 아픔을 극복할 것이다.

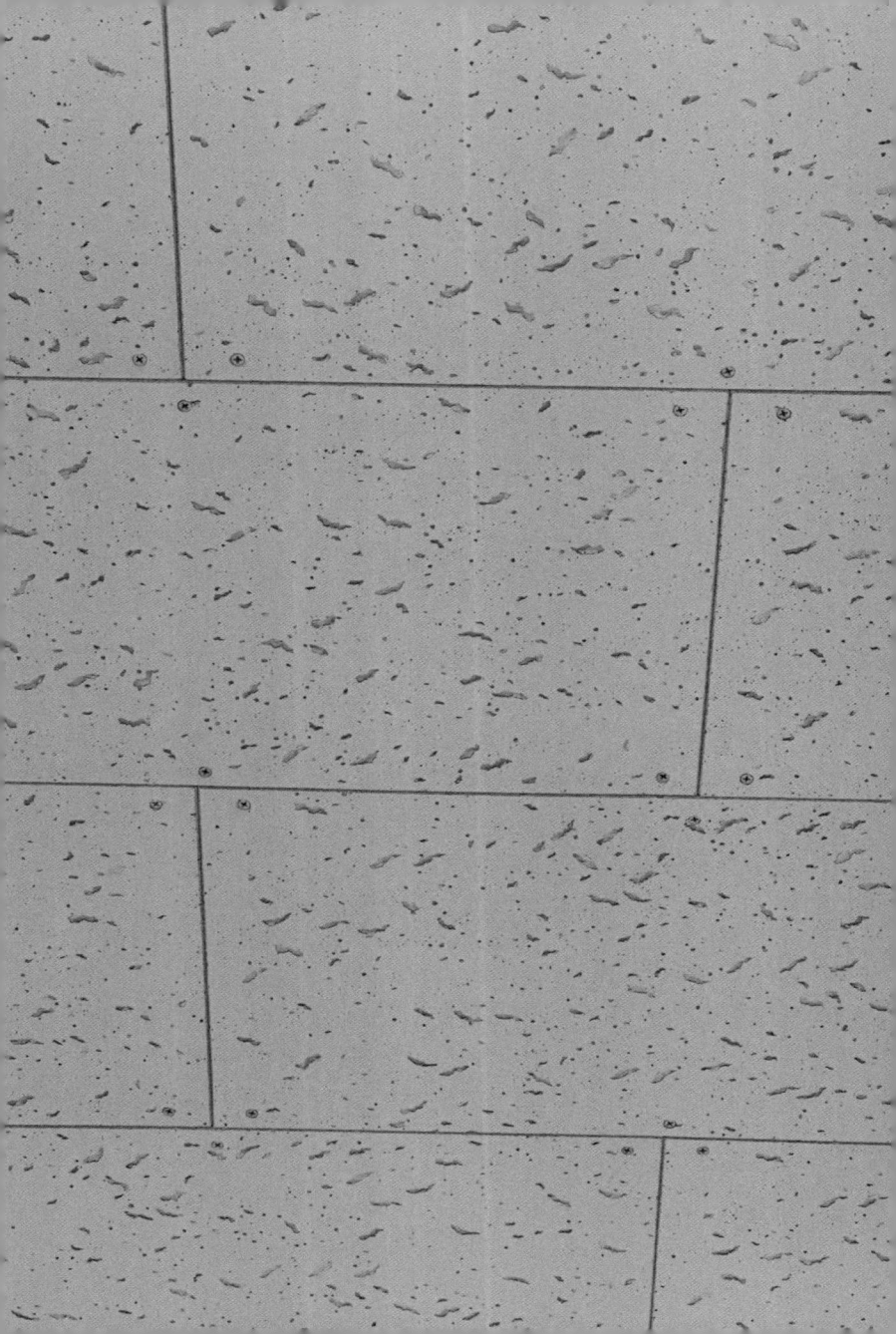

나는 가끔

　나는 가끔 천장을 바라본다. 무거운 팔과 다리를 허공으로 향해 움직일 때, 문득 '나는 왜 이곳에 와 있는가?' 하는 생각이 든다. 멍한 시선이 천장에 머무르고, 매트 위에 앉고, 누워서, 서서 동작을 할 때, 고요한 천장이 유일한 도피처가 된다.

　점, 점, 점 사이에서 오리온이 있다. 물병자리가 있고, 게자리도 보인다. 점, 점, 점을 이으면 우산 모양이 되고, 캐릭터 모양이 된다. 점, 점, 점. 천장의 무늬들 사이에서 어느 날은 물고기 떼를 발견하고, 어느 날은 배가 볼록 나온 E.T.가 나타난다. 천장의 점들이 나의 상상력을 자극하는 순간, 필라테스 동작이 가져오는 고통과 잠시 단절된다.

"오른쪽 다리를 사선 방향으로, 하늘로 쭉 폅니다. 발은 포인(Point), 발등을 쭉 뻗은 일자 상태로 하늘을 찌를 거예요."

강사의 목소리가 천장으로 사라지는 나의 의식을 현실 속 매트 위로 끌어당긴다. 오른쪽 다리를 하늘로 올려, 그 점들이 만드는 문양을 떠올린다. 하늘로 엄지 발톱을 자랑하듯 힘주어 다리를 뻗으며, 발가락 끝으로 천장의 점들 사이에서 새로운 모양을 찾아본다.

운동의 짜릿함과 약간의 긴장감이 한 폭의 그림처럼 내 안에 스며든다.

해부학

 운동이 끝나고 어김없이 찾아오는 근육통은 반갑지 않다. 상체 운동을 했는데 하체가 아프니, 황당함이 밀려온다. 수업은 이미 끝났는데 가만히 있다가 '억' 하고 외마디 신음이 새어 나온다. 아픈 게 맞는데, 어디가 아프다고 말을 못한다. 아픈 위치를 말로 설명을 못하니 답답함만 쌓여 그 무엇으로도 해소할 수 없는 고통의 한가운데서 무기력해진다.

 괴로움에서 도망갈 궁리를 하던 중 한 가지 생각이 떠올랐다. 해부학 책을 사서 제대로 된 지식을 쌓아보자는 것이다. 그동안 무심코 지나쳤던 근육과 인체 구조를 이해하면, 다음에는 아픈 부위를 정확히 지목할 수 있을지도 모른다. 만약 근육통이 나에게 어떤 메시지를 전하는 것이라면,

그 통증을 기쁘게 맞이할 수 있을 것 같다. 예를 들어, 팔을 뻗는 동작으로 허리가 아픈 원인을 알게 되면, 그에 맞는 동작을 찾아 약한 근육을 강화하는 운동을 매일 할 수 있다. 운동 후의 아픔을 근육 성장에 필요한 자극으로 받아들이고, 그 과정을 즐길 수 있을 것이다.

신체의 고통을 지식으로 바꾸어, 필라테스 동작을 인체의 신비로 넓혀가고 싶다.

하이에나

눈이 일찍 떠진 토요일 새벽 6시, 수업 예약 앱을 켜고 빈자리가 있는지 조회해 본다. 매주 목요일 오후 5시에 수강 신청이 시작되면 3~5분 만에 예약이 마감되지만, 주말 수업은 전날 취소로 인해 빈자리가 생긴다. 늦잠으로 여유로운 주말을 만끽하는 것과 굳은 몸을 유연하게 풀며 근육을 만드는 것을 저울질한다.

나처럼 빈자리를 노리는 수강생이 있을 수 있다. 이렇게 주저하는 동안 자리를 뺏길 수 있다. 기적같이 운동할 마음이 생겼는데 예약 마감되었다는 거절 메세지를 보고 싶지 않다. 확정 메시지를 받음으로써 운동하기 전에 성취감을 달성한다.

언제나 처음처럼

거울아, 거울아

　주 4회 필라테스 수업을 몇 주 동안 강행했다. 볼록하던 뱃살 라인에 변화가 생기고 있었다. 팔뚝도 단단해져 알통이 잡힌다. 금방이라도 십일자 복근이 배에 자리 잡을 것만 같은 기대에 가슴이 두근거린다. 매끈한 허리선을 마주할 하루를 기다리며, 특별히 옆구리가 절개된 상의로 필라테스 운동복을 골랐다.

　'선생님, 저 요즘 열심히 나와서 지방 좀 떨궜어요.' 자랑스럽게 보여주고 싶어서 들뜬 마음으로 강의실에 들어선다. 왠지 여러 자리 중 가운데에 앉고 싶다. 바렐 사다리를 밟고 매트 위에 올라가 말 타는 자세로 앉아 팔 운동을 시작한다.

"양팔을 앞으로 들고 하늘 위로 천천히 올리세요."

옆구리 지방이 겹쳐 살과 살이 맞닿는다.

"쟤 봐봐. 쟤. 옆구리에 아직도 붙어 있어."

수업 중에 사방에 부착된 거울이 쑥덕거리는 소리가 들리는 듯하다. 옆구리에 볼록, 허릿살이 거울을 통해 존재를 드러냈다. 아무도 손가락질하지 않지만 얼굴을 들 수 없다. 퉁퉁한 지방은 지긋지긋하게도 나에게 붙어 있고, 지방 보유량이 제자리이다. 참혹한 결과의 원인은 나에게 있기에 자책하게 된다. 지방과 이별하기 위해 주 4회 운동에 박차를 가해야겠다.

하나, 둘, 셋, 다섯

 서로 이름도 얼굴도 익히지 못한 상태로 그룹 수업이 시작된다. 빈자리 중 어디가 나을까 찾아보며, 양옆, 앞뒤 사람은 어떤 운동복을 입었는지 슬쩍 곁눈질한다. 이제 우리는 훅훅 내뱉는 호흡 소리와 중력을 체감하며, 혼자만의 세계에 집중하는 고요 속으로 이동한다.

 "하나, 둘, 셋, 넷, 다섯, 여섯, 일곱, 여덟"
 강사의 목소리는 마치 마법의 주문처럼, 동작에 힘을 불어넣는다. 운동의 기운이 온몸을 감싸기 시작했다. 슬쩍 뻗은 다리가 숫자에 맞춰서 '빵!' 강한 힘을 받아 하늘 위로 찬다. 모든 수강생이 호령에 맞춰 군무를 춘다. 끙끙 앓는 고통의 소리는 결코 혼자가 아님을 깨닫게 해주었다. 낮선 듯 익숙한 각자가 서로의 고통을 응원하고 있었다.

"하나, 둘, 셋, 다섯, 여섯, 아자."
반복되는 세트와 카운트 속에서 카운트를 놓치는 일이 발생했다. 동작 한번이 무시되어 입술이 간지러웠다. 서로 이름도 얼굴도 모르지만, 군무를 함께 춘 사이. 우리는 아무도 그 사실을 고백하지 않았다.

갈비뼈

"회원님 갈비뼈 닫으세요."

"갈비뼈 연적이 없는데요."

"열려 있지 않으면 숨 못 쉬어요. 넓어진 갈비뼈를 닫으세요. 명치 아래쪽에 힘을 준다고 생각하고 배를 쏙 집어넣어 보세요."

오늘도 연 적 없는 갈비뼈를 닫기 위해 연습을 한다.

근육의 안녕

갈비뼈를 오므리기 위해 명치에 힘을 주고 갈비뼈 아래쪽에 기운을 모았다. 갈비뼈가 척추 쪽으로 슬쩍 들어간다. 복부 상단에 힘을 모아서 갈비뼈를 닫은 채로 동작을 이어간다.

바렐 매트 상단을 오른손으로 짚고, 왼쪽 손을 뻗어 우아하게 오른쪽으로 원을 그리듯이 팔을 넘겨준다. 다시 정수리 위로 원위치하여 팔을 사선 앞으로 보낸다. 접혀 있는 왼쪽 옆구리에 신호가 찌르르 온다.

반대쪽도 같은 동작을 시작한다. 왼손을 짚고, 오른손을 뻗어 고고하게 왼쪽으로 뻗어 준다. '억!' 왼쪽 동작은 넘어갔는데 오른쪽은 비명이 새어 나온다. 평소 자세가 불편했다는 증거로 앞서 움직인 동작보다 천천히 시도한다. 정수리로 손을 원위치하고 사선 앞으로 팔을 뻗는다.

　운동으로 자세를 교정하며 평상시의 내 모습을 반성해 보게 된다. 평소에 오른쪽 다리에 힘을 실어 서 있는지, 의자에 앉을 때 발을 꼬고 있는지. 지금 내 자세는 괜찮을까? 이대로 동작을 취하면 평온하게 한 세트를 이어서 할 수 있을지 자세를 점검해 본다. 구부정한 허리를 세우고 어깨를 일직선으로 만들어 날개뼈를 꼬집으며 등과 가슴을 펼쳐준다.

이래도 되는건가?

팔을 늘리고, 다리를 찢고, 허벅지를 불태웠다. 리포머 위에서 한 시간 내내 동작을 이어갔으니, 자고 일어나면 온몸의 어느 근육이 아프다고 외쳐댈 게 뻔하다. 그런데 그렇게 열심히 움직였는데도 몸은 한마디도 하지 않는다. 근육은 잠잠하고, 전혀 아프지 않다. 혹시 동작을 덜 따라 했을까? 그건 아니다. 어차피 따라올 아픔을 예상하며, 이왕 움직이는 시간에 강도 있는 운동을 하겠다고 마음먹고 강사의 구령에 맞춰 다리를 찢고 팔을 뻗었던 내 모습이 여전히 선명하다. 그런데 근육통이 느껴지지 않으니까 불안하다. 통증없는 평화가 의심스러워진다.

아마 나는 '근육통이 없으면 제대로 운동하지 않은 것'

이라는 불문율에 굴복한 것일지도 모른다. 그런 생각이 드니까 나도 모르게 무언가 놓친 것 같은 느낌이 든다. 자극이 없이 '편안한' 몸을 마주하니 운동을 한 것조차 실감나지 않는다. 지방을 태워 근육을 만들어야 하는데 허투로 시간을 보낸 것 같다.

운동을 싫어하는 내가 근육통을 호소할 때, 부러워했던 친구의 목소리가 들린다. 그들은 근육에 자극이 온 거라고 대견스러워했다. 자극 예찬론자들에게, 이렇게 안 아픈 상태를 어찌 설명해야 할까? 내 몸은 분명히 필라테스의 고통을 겪었는데, 반응이 없는 것이 운동에 꿈쩍도 하지않는 지방덩어리를 달고 있는 것 같아 걱정된다. 어제 운동의 목표였던 부위에 수고가 제대로 전달되지 않은 것 같다는 합리적인 의심이 든다.

근육통이 동반되지 않은 운동 후의 모습이 기이하다. 운동한지 얼마나 됐다고 벌써 통증에 무딘 사람이 된 걸까? 운동의 압박에 적응된 걸까? 이번 수업에서는 특히 집중해서 고통을 잊은 건 아닐까? 근육이 붙지 않았는데 너무 빨리 익숙해진 것 같아서 잡다한 생각들이 머릿속을 어지럽힌다.

"어떻게 늘 아프기만 하겠어, 단련되서 굳은 살이 생기

듯 근육이 붙은거지."

 이상현상에 혼란스러워하는 내게 오랜 기간 운동한 지인이 말해줬다. 아픔에 무뎌진 것이 아니라 단단한 힘이 생긴 거라고, 이제는 성장할 시기라고 말이다. 나도 모르는 사이에 필라테스와 친해지고 있었다.

마성의 목소리

 처음 듣는 목소리로 수업이 시작됐다. 강사의 개인 사정으로 대체 강사가 수업을 진행하게 되었는데, 왠지 첫 수업을 들을 때의 설렘과 두려움이 다시금 떠올랐다. 수업의 강도를 전혀 알지 못한 채, 강사도 나의 움직임을 모르는 채로 서로에게 첫 만남이 된 셈이다. 하지만 다행히도 강사의 목소리는 애니메이션 성우처럼 귀엽고 낭랑했다. 이대로라면 한 시간의 수업이 꽤 즐거울 것 같은 기대감이 들었다.

 "엉덩이 조금 더 들어 올리세요. 할 수 있어요. 그 상태로 하나, 둘, 셋, 넷. 반대 방향으로 한 세트 더 진행할게요. 그렇죠! 잘하고 있어요!"
 구연동화를 하면 아이들에게 기쁨을 줄 것 같은 생생하

고 흡입력 있는 목소리. 하지만 그 목소리가 필라테스를 지도하자, 마치 솜사탕을 씹었는데 속에 청양 고추가 들어 있는 듯한 느낌이었다. 상냥한 칭찬이 가득한 말투인데도 이상하게 살벌했다. 목소리에 집중하며 동작을 따라하는 동안 허벅지가 뻐근하고 팔뚝이 후들거리는데 정신을 차릴 틈도 없이 "좋아요! 아주 잘하고 있어요!" 하는 목소리가 달콤하게 내려앉았다.

뭔지 모르겠지만 잘 따라가고 있는 것 같았다. 아니, 사실은 그 목소리를 더 듣고 싶어서 다리를 높이, 엉덩이를 높이, 팔을 더 뻗어낸 것도 있다. 지칠 틈없이 운동할 힘을 수혈해주는 톤으로 "완벽해요!"라고 말해주는데, 멈출 이유가 없다.

다만 현실은 가혹했다. 수업시간 동안은 흐르는 달콤한 음성에 취해있었지만, 다음 날 아침, 근육통이 고스란히 나를 덮쳤다. 침대에서 몸을 일으키는 순간, 허벅지와 팔이 아우성을 치는데 이상하게도 이 고통이 싫지 않았다. 어제의 칭찬이 근육통이라는 훈장이 되었기 때문이다.

그 목소리가 그리워졌다. 다시 들을 수 있다면, 힘들어도 한 세트, 두 세트, 계속 운동할 수 있을 것 같았다.

생활 속 달인

두 박스나 되는 2L짜리 생수 12병을 집 안으로 들이는 일은 늘 내 허리를 아프게 했다. 몇 번이고 방법을 바꿔봤지만, 결국 무거운 물건을 들고 난 후엔 허리가 욱신거렸다. 어느 날 문득, 필라테스 수업에서 배운 원리를 적용해보면 어떨까 하는 생각이 들었다.

무거운 공을 들 때처럼 다리를 어깨너비로 벌리고, 엉덩이를 뒤로 **빼**며 앉았다. 한 박스를 단단히 잡고 발바닥으로 바닥을 눌러 중심을 잡은 채 허벅지 힘으로 몸을 일으켰다. 놀랍게도 허리가 아프지 않았다. 그렇게 생수를 내려놓고 나니, 평소보다 몸에 부담이 덜했다.

몇 달 전 지하철에서 부끄러웠던 기억이 떠올랐다. 사

람으로 꽉 찬 지하철이 갑자기 정거했고, 아무것도 잡을 수 없었던 나는 모세의 기적처럼 반으로 갈라진 사람들 사이로 바닥을 향해 엎어지고 말았다. 이제는 내 몸을 바닥에 부착시킬 방법을 알았으니 대중교통을 체력단련실이라 여기며 연습했다. 발바닥을 바작에 단단히 붙이고 허벅지 안쪽에 힘을 주었다. 상체는 흐름을 따라 유연하게 움직이도록 두었다. 정거장에 다가올수록 힘을 조절하여 유연하면서도 꽃꽂하게 내 자리를 지켰다. 몇 달 전 지하철에서 이 방법을 알았더라면 얼마나 좋았을까.

한창 필라테스를 꾸준히 다닐 때는, 사진 찍을 때도 필라테스 강사의 목소리가 귓가에 들렸다.
"배꼽은 등에 붙이시고요. 시선은 손끝을 바라봅니다."
셔터가 눌리는 순간, 나도 모르게 배꼽을 척추 쪽으로 밀어 넣고, 어깨 힘을 툭 풀어 승모근의 긴장을 내려놓았다. 오른쪽 팔을 뒤로 보내고 다리는 사선 아래로 뻗으면서 힘의 중심을 단단히 코어에 집중시켰다. 시선은 왼쪽 어깨 끝으로 보내는 것이 중요하다.
"찰칵"

카메라 속의 나는 흐트러짐 없이 중심을 잡고 있어 평소보다 배가 납작해 보였다. 무엇보다 길고 단정한 자세를 유지할 수 있었던 건, 필라테스를 통해 균형 감각이 길러진 덕분일 것이다. 생활 속에서 쓸모 있는 운동이 점점 재미있게 느껴졌다.

대화가 필요해

"선생님, 1초를 1초로 세는 거 아니죠? 하나가 '하-나-아-아'로 3초가 지나가는 것 같아요."
"맞아요. 회원님들 상태 봐서 더 할 수 있는 동작은 조금, 느리게 세요. 힘들어하는 날은 박자가 빨라지기도 하죠?"
필라테스 스튜디오에서는 강사가 시간을 지배한다.

왜 고장난거죠?

　수업 전, 리포머 위에 누워있는 시간은 나에게 치유의 순간이다. 침대 같은 리포머에 누워 풋바 위에 두 발을 얹어 놓는다. 개구리 다리로 살짝 구부렸다가 두 다리를 일직선으로 편다. 누워있던 몸이 쭉하고 키다리 아저씨처럼 다리가 길어진다. 다시 한 번 용기를 내서 구부린 다리를 펼 때 힘을 가한다. 누운 채로 하늘 위로 점프하다보면, 모든 고민과 스트레스가 사라진다.

　강사의 입장으로 수업이 시작됐다.
　"왼쪽 손을 앞으로 뻗고, 오른쪽 다리를 뒤로 뻗으세요. 왼쪽 손끝에서 허리, 다리까지 일직선 유지해 주세요. 등에 물잔이 있다고 생각하세요."

리포머 매트 위에서 네 발 기기 자세를 취하고 팔과 다리를 뻗었더니, 하늘을 나는 슈퍼맨이 된 것 같았다. 현실 속의 나는 슈퍼맨 망토가 아니라 보이지 않는 물잔을 등에 올리고 있었다. 거울을 보지 않아도 물잔이 떨어지지 않게 애쓰는 내 모습이 그려졌다. 팔다리를 각기 뻗고 부들거리다가 물잔을 쏟는 결말까지 상상했다. 물에 빠진 생쥐가 생각나 가까스로 웃음을 참았다. 집중. 다음 동작을 지시하는 목소리에 집중했다.

"10초 버틸게요. 하나, 둘, 셋, 넷, 다섯, 여섯, 일곱, 여덟, 아홉, 열!"
강사님의 카운트에 맞춰 힘을 주며, 왼쪽 팔과 오른쪽 다리가 바닥을 뚫고 우주로 날아갈 것 같다.

"반대 방향으로 동작할게요. 오른쪽 손을 앞으로 뻗고, 왼쪽 다리를 뒤로 뻗습니다."
그저 목소리의 흐름에 따라 팔과 다리를 뻗으려 했지만, 머릿속에서 왼쪽, 오른쪽? 팔? 다리? 머릿속에서 반복되는 단어들이 중심을 잃고 얽혀버렸다. 내 몸은 반대로 움직이기 시작했다.

"회원님들. 팔과 발 방향만 바꾼 건데 왜 고장 나셨어요?"

 "왼쪽, 오른쪽, 아… 그게 아니라…"

 다른 수강생을 살펴보니, 나만 이런 것이 아니었다. 몇몇 회원들은 로봇처럼 팔과 다리를 비정상적으로 움직이고 있었다. 팔을 뻗다 보니 다리도 들고, 반대로 움직이려 하니 몸은 더 혼란스러워졌다. 모두 동작이 엉망진창이 되었다.
 앞으로도 이런 해프닝이 일어날지 모르겠지만, 힘들어서 찌그러져 있던 표정을 풀어주는 실수는 언제나 반갑다. 흘린 땀만큼, 잠깐의 웃음이 근육량을 늘려 주었을 것이다.

필라테스 여우주연상

나는 한 마리 백조
나는 한 마리 인어공주
나는 하늘을 나는 비행기

고양이 자세로 요염하게
아기자세로 편안하게

옆구리가 늘어나고
허리가 길어지고
다리가 덜렁거리는 시간

Pilates
studio

에필로그_문을 열어 버렸다

　수업 시간에 가까워지는 시계 초침 따라 가슴이 쿵쾅거린다. 오늘은 어떤 동작의 조합으로 팔다리가 죽죽 늘어날까? 부디 시간이 2배속으로 흘러가서 '악' 소리 나는 시간을 금세 이겨낼 수 있기를 하늘에 기도한다.

　"회원님, 꼬리뼈를 동그랗게 마시고요. 갈비뼈 닫으세요."
　"어깨를 뒤로 보내고 날개뼈로 등을 꼬집으세요."
　소꼬리도 아니고 이미 퇴화한 꼬리뼈를 어떻게 찾아서 말라는 거냐고, 갈비뼈를 연 적이 없는데 어떻게 닫으라는 거냐고, 날개뼈로 등을 어떻게 꼬집냐고 물어보고 싶지만 묻지 않는다. 그러면 집중 자세 교정이 시작될 거다. 그저 집에 돌아와 일기장에 번역이 필요했던 설명과 힘들었던 동작을 남기는 것으로 하소연을 대신했다.

필라테스로 훈련하며 깨달은 점은 어떻게든 끝이 온다는 것이다. 팔을 위아래로 휘젓고 옆구리를 좌우로 내려갔다 올라가는 동작을 하며, 호흡에 집중하는 동안 수업이 끝난다. 한없이 기쁜 마음을 담아 '수고하셨습니다!'를 외친다. 기운 빠진 개미 목소리라 안 들리지만, 진심이 닿았을 거라 믿는다.

"괄약근에 힘줘서 꼬리뼈를 바닥에 붙인다고 생각하고 힘의 방향을 배꼽을 정수리 쪽으로 당기는 느낌으로 키 커지게 목 길게 늘이세요."
이제는 외계어 같은 대사를 다 알아들을 수 있고, 가끔 다른 회원의 곁눈질도 느껴진다. 기구가 동반되거나 다른 모습으로 준비된 강의실을 만나면, 어떤 시퀀스로 진행하게 될지 궁금해진다.

곧 수업이 시작되어 운동복을 단단히 챙겨 입었다. 몇 분 남지 않은 시간, 심장은 여전히 빠르게 뛰지만 긴장보다는 기대에 가깝다. 은근한 끌림에 동화되어 버린 이런 삶, 나쁘지 않다.

필라테스를 좋아하는 이들을 응원하며,
끝까지 이끌어 주는 강사님들께 감사드립니다.

빌어먹을 필라테스

발행일 | 2025년 05월 15일

지은이 | 황효 @hwan_hy0
표지 디자인 | 황효 @hwan_hy0

출간물의 저작권은 저자에 있습니다.
이 책 글의 전부 또는 일부를 발췌하거나 인용하려면
반드시 저자의 동의를 얻어야 합니다.
잘못된 책은 구입하신 곳에서 바꿔드립니다.

책값은 뒤표지에 있습니다.

부끄지방 (보드라운 노란 몸매)

말랑말랑 지방덩어리 등장! 부끄러움이 많아 망설이지만, 더 이상 숨을 수는 없다. 땀과 투정이 끊이질 않는 좌충우돌 필라테스 일상! 자꾸만 웃음이 나는 엉뚱 매력, 부끄지방 준비 운동 완료.

뚜잇뚜잇 (Do it Do it)

"오늘도 Do it! 내일도 Do it!"
작고 귀여운 몸에서 뿜어져 나오는 초강력 에너지로 부끄지방의 머리 위에 자리한다. 나긋나긋한 목소리로 힘 있게 조련하는 필라테스 강사. 오늘도 레슨은 깜찍, 텐션은 폭발한다.

필라테스를 단순한 운동이라 부르기엔 그 의미가 부족하다. 신체의 정렬을 바로잡고 모든 기능을 온전하게 하여, 일상을 행복하게 업그레이드시키는 완벽한 행위. 그게 바로 필라테스다.
_필라테스엘 대표 심재민

필라테스는 삶에 변화를 불러오는 특별한 여정이다. 동작을 따라 하는 것이 아니라, 호흡에 집중하며 나의 몸과 마음을 돌보는 소중한 시간을 선사한다. 삶의 변화를 꿈꾸는 모든 분을 필라테스의 세계로 초대한다.
_룩스필라테스 강사 김혜량

979-11-90604-70-3 (03810) 값 14,000원